Benvenuto a
SBLOCCARE LA FELICITÀ

LA TUA GUIDA ALLE ATTIVITÀ CHE MIGLIORANO IL TUO UMORE

Intraprendi un viaggio per migliorare il tuo umore quotidiano e sfruttare il potere di trasformazione della felicità. All'interno di queste pagine scoprirai le basi scientifiche di come le attività possono aumentare significativamente il tuo benessere e imparerai perché abbracciare nuove esperienze è la chiave per una vita appagante.

Cosa otterrai da questo eBook?

- Approfondimenti supportati dalla scienza
- Strategie pratiche
- Abitudini quotidiane
- Attività stimolanti
- Perseguimenti creativi e sociali
- Tecniche di consapevolezza e rilassamento
- Pianificatore personalizzabile

Pronto ad aumentare la tua felicità? Inizia il tuo viaggio ora! Scansiona il codice QR o segui il link sottostante per iscriverti alla nostra newsletter per contenuti esclusivi e inizia a costruire la tua vita gioiosa oggi stesso.

Inviami il mio e-book gratuito
Unlocking Happiness

IL DIARIO DEL LAVORO CON LE OMBRE PER GLI ADOLESCENTI

Prompt guidati e attività per la guarigione interiore, la costruzione della fiducia e la pratica dell'amore per se stessi

CALLIE PARKER

Diario guidato

Introduzione al Diario del Lavoro Ombra per Adolescenti

Benvenuto nello Shadow Work Journal for Teens, la tua guida in uno straordinario viaggio alla scoperta di sé e alla crescita personale. L'adolescenza è un momento di trasformazione e questo diario è il tuo compagno fidato nell'emozionante viaggio alla scoperta del tuo vero sé, alla comprensione dei tuoi aspetti nascosti e all'abbraccio del potere della tua ombra. Questo diario è progettato per integrare e migliorare la tua esperienza con il libro principale, Shadow Work for Teens: una guida per adolescenti e giovani adulti per superare le sfide interiori, acquisire fiducia e praticare l'amore per se stessi.

Lo scopo del giornale

Lo scopo di questo diario è semplice ma profondo: fornirti uno spazio sicuro e nutriente per esplorare i vari aspetti della tua personalità, emozioni ed esperienze. È uno strumento per immergersi in profondità nella propria psiche, comprendere le dinamiche che influenzano i propri pensieri e comportamenti e, in definitiva, promuovere un senso di autoaccettazione e autenticità. Seguendo il libro principale, scoprirai che questo diario è una risorsa pratica che dà vita ai concetti e agli esercizi, aiutandoti a integrare ciò che impari nelle tue esperienze quotidiane.

L'importanza della riflessione per gli adolescenti

La riflessione è un'abilità vitale, soprattutto durante l'adolescenza. Questo periodo della vita è segnato da innumerevoli cambiamenti, dallo sviluppo fisico all'esplorazione della propria identità e delle proprie convinzioni. Riflettere sulle tue esperienze, emozioni e scelte ti aiuta a dare un senso al mondo intorno a te e al mondo dentro di te. Ti consente di crescere, adattarti e prendere decisioni informate mentre percorri il percorso emozionante e talvolta impegnativo verso l'età adulta. Questo diario, insieme al libro principale, fornisce un modo strutturato per impegnarsi in questa pratica riflessiva, assicurandoti di ottenere il massimo dal tuo percorso di lavoro ombra.

Usando questo diario

Usare questo diario è semplice e gratificante. Ecco una breve guida per aiutarti a iniziare:

1. Crea uno spazio tranquillo: trova un luogo tranquillo e privato dove puoi scrivere senza distrazioni. Potrebbe essere un angolo accogliente della tua stanza, una panchina del parco o un bar tranquillo.
2. Metti da parte del tempo: dedica tempo regolare all'inserimento nel diario. Che sia al mattino, prima di andare a letto o durante le pause, la costanza è la chiave per sfruttare al meglio questa esperienza.
3. Esprimi te stesso: non ci sono risposte giuste o sbagliate qui. Questo diario parla del tuo viaggio unico. Scrivi onestamente, senza giudizio. Lascia che i tuoi pensieri fluiscano liberamente.
4. Coinvolgere i suggerimenti: ogni capitolo presenta suggerimenti ed esercizi su misura per aspetti specifici del lavoro sull'ombra. Usa questi suggerimenti come punto di partenza per la riflessione e l'esplorazione personale.
5. Abbraccia il viaggio: ricorda che questo è un processo, non una destinazione. Abbraccia le tue ombre, riconosci i tuoi punti di forza e sii compassionevole con te stesso lungo il percorso.
6. Utilizza strumenti aggiuntivi: sentiti libero di utilizzare disegni, scarabocchi o qualsiasi espressione creativa per integrare il tuo diario. Il tuo diario è la tua tela.
7. Rivisita e rifletti: man mano che avanzi, rivisita i tuoi precedenti contributi e rifletti su come sei cresciuto e cambiato. È una testimonianza del tuo viaggio.

Le pagine di questo diario aspettano di essere riempite con i tuoi pensieri, sentimenti e scoperte. È un invito a intraprendere un'avventura interiore, a comprendere la tua ombra e a far luce sulla persona unica e bella che stai diventando. Abbraccia questo viaggio con il cuore aperto e scoprirai che il percorso verso la scoperta di sé è emozionante e stimolante.

Sommario

L'inconscio

LA MENTE INCONSCIA

Descrivi un sogno che hai fatto di recente. Quali emozioni o simboli erano presenti?

Rifletti su un'abitudine o un comportamento che non puoi spiegare. Come potrebbe essere correlato al tuo inconscio?

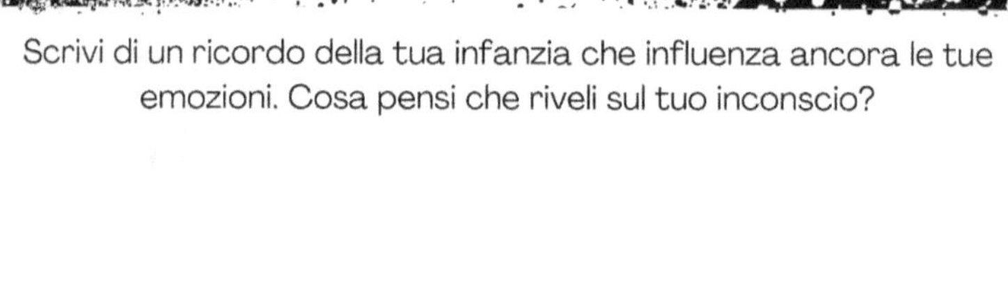

Scrivi di un ricordo della tua infanzia che influenza ancora le tue emozioni. Cosa pensi che riveli sul tuo inconscio?

Esplora una paura o una fobia che hai. Quali potrebbero essere le sue radici nel tuo inconscio?

Come ti senti all'idea di esplorare il tuo inconscio attraverso il lavoro sull'ombra? Scrivi di eventuali apprensioni o emozioni.

"Essere te stesso in un mondo che cerca costantemente di farti diventare qualcos'altro è il risultato più grande."

-Ralph Waldo Emerson

Inizia un diario dei sogni e registra regolarmente i tuoi sogni. Analizza simboli o temi ricorrenti.

Prova una meditazione guidata o un esercizio di consapevolezza per connetterti con i tuoi pensieri e sentimenti inconsci.

Crea un'opera d'arte o una rappresentazione visiva di un sogno recente o di un ricordo vivido che si riferisce al tuo inconscio.

Registro dei sogni

Data:

Titolo o breve descrizione

Dettagli del sogno

Descrivi il sogno con tutti i dettagli che riesci a ricordare. Nota l'ambiente, i personaggi, gli oggetti, i colori e le emozioni che hai provato durante il sogno.

Potenziali fattori scatenanti

Ci sono stati eventi o esperienze del giorno prima che potrebbero aver influenzato questo sogno?

Elementi ricorrenti

Ci sono elementi in questo sogno che sono apparsi nei sogni precedenti? Se sì, annotale.

Registro dei sogni

Data:

Risonanza emotiva

Come ti ha fatto sentire il sogno al risveglio? C'è stata un'emozione particolare che ti ha colpito?

Simboli e significato

Ci sono simboli, temi o motivi nel sogno che ti riguardano da adolescente? Rifletti sul loro potenziale significato.

Desideri e paure

Il sogno ha rivelato desideri o paure nascoste? Come si relazionano alla tua vita da sveglio?

Messaggi dall'inconscio

A volte i sogni portano messaggi o intuizioni dal nostro inconscio. Pensi che ci sia un messaggio in questo sogno per te?

Interpretazioni dei sogni

Data:

I sogni possono spesso servire come riflessi dei nostri desideri, paure, sfide e trionfi più intimi. Per gli adolescenti, i sogni potrebbero comprendere temi direttamente correlati all'identità, all'accettazione, alle opinioni sociali e al viaggio personale. I seguenti suggerimenti guidati mirano ad aiutarti a navigare e interpretare i sogni che risuonano con le tue esperienze.

Prima di immergerti nell'interpretazione, crea un ambiente rilassante. Siediti comodamente, fai respiri profondi e ricorda il sogno nel modo più vivido possibile. È essenziale avvicinarsi all'interpretazione dei sogni con una mente e un cuore aperti.

Temi di accettazione

Il sogno implicava sentimenti o situazioni di accettazione o rifiuto? Considera i contesti. Erano auto-accettazione, sociali, familiari o relazionali?

Colori ed Emozioni

C'erano dei colori specifici che risaltavano nel tuo sogno? I colori possono spesso rappresentare le emozioni. .

Personaggi e relazioni

Chi erano i personaggi principali del sogno? Erano rappresentazioni delle tue relazioni di vita reale o figure simboliche? Che ruolo hanno avuto nella narrazione del sogno?

Sentimenti nascosti

C'erano elementi di occultamento o di rivelazione nel sogno? Ad esempio, nascondersi in un posto o fare coming out con qualcuno. Quali emozioni hanno evocato queste situazioni?

Simboli e significato

Ci sono simboli, temi o motivi nel sogno che si riferiscono alla tua identità o alle tue esperienze? Rifletti sul loro potenziale significato.

Transizioni e trasformazioni

Tu o altri personaggi avete subito qualche trasformazione nel sogno? Questo potrebbe essere il simbolo della crescita personale, della transizione o dell'evoluzione dell'identità personale.

Conflitto e risoluzione

C'erano conflitti nel sogno? Come sono stati risolti? Ciò potrebbe suggerire tensioni interiori o sfide esterne che stai affrontando o hai affrontato.

Simboli di liberazione

Ci sono stati momenti o simboli di libertà, fuga o liberazione? Come ti hanno fatto sentire?

Ambienti contestuali

Considera l'ambientazione del sogno. Era un luogo familiare, un ambiente passato o un posto completamente sconosciuto? Gli ambienti possono riflettere gli stati mentali ed emotivi attuali o le esperienze passate.

Messaggi o lezioni

C'erano messaggi chiari, lezioni o consigli dati nel sogno? Chi li ha forniti e come si collegavano al tuo viaggio?

Ricorda, l'interpretazione dei sogni è soggettiva. Sebbene questi suggerimenti forniscano una direzione, i tuoi sentimenti, la tua intuizione e le tue esperienze personali svolgono un ruolo cruciale nel comprendere il significato del sogno. Abbraccia il viaggio di auto-esplorazione e intuizione che i sogni possono offrire.

Crea un'opera d'arte o una rappresentazione visiva di un sogno recente o di un ricordo vivido che si riferisce al tuo inconscio.

Desideri repressi

ABBRACCIARE I DESIDERI REPRESSI

Pensa a un desiderio o a un obiettivo che hai esitato a perseguire. Cosa ti ha trattenuto?

Descrivi un caso in cui hai sentito un forte desiderio ma non lo hai messo in pratica. Cosa ti ha fermato?

Rifletti sui tuoi talenti o interessi nascosti che non hai esplorato. Cosa potrebbe impedirti di abbracciarli?

Scrivi di un momento in cui hai represso le tue emozioni o desideri conformarti alle aspettative sociali.

Come ti senti all'idea di riconoscere e abbracciare i tuoi desideri
repressi?

Confrontare una persona con la propria ombra significa mostrarle la propria luce.

-Carlo Jung

Fai una lista dei desideri che non hai mai perseguito. Scegline uno per fare un piccolo passo verso la realizzazione.

Sperimenta un hobby o un'attività creativa in linea con un desiderio represso.

Crea una vision board che rappresenti i tuoi desideri e obiettivi non realizzati.

DESIDERI NON PERSEGUITI

♡ ________________________

♡ ________________________

♡ ________________________

♡ ________________________

♡ ________________________

♡ ________________________

♡ ________________________

♡ ________________________

♡ ________________________

♡ ________________________

♡ ________________________

♡ ________________________

♡ ________________________

♡ ________________________

♡ ________________________

Fai una lista dei desideri che non hai mai perseguito. Scegline uno per fare un piccolo passo verso la realizzazione.

Crea una vision board che rappresenti i tuoi desideri e obiettivi non realizzati.

Proiezione

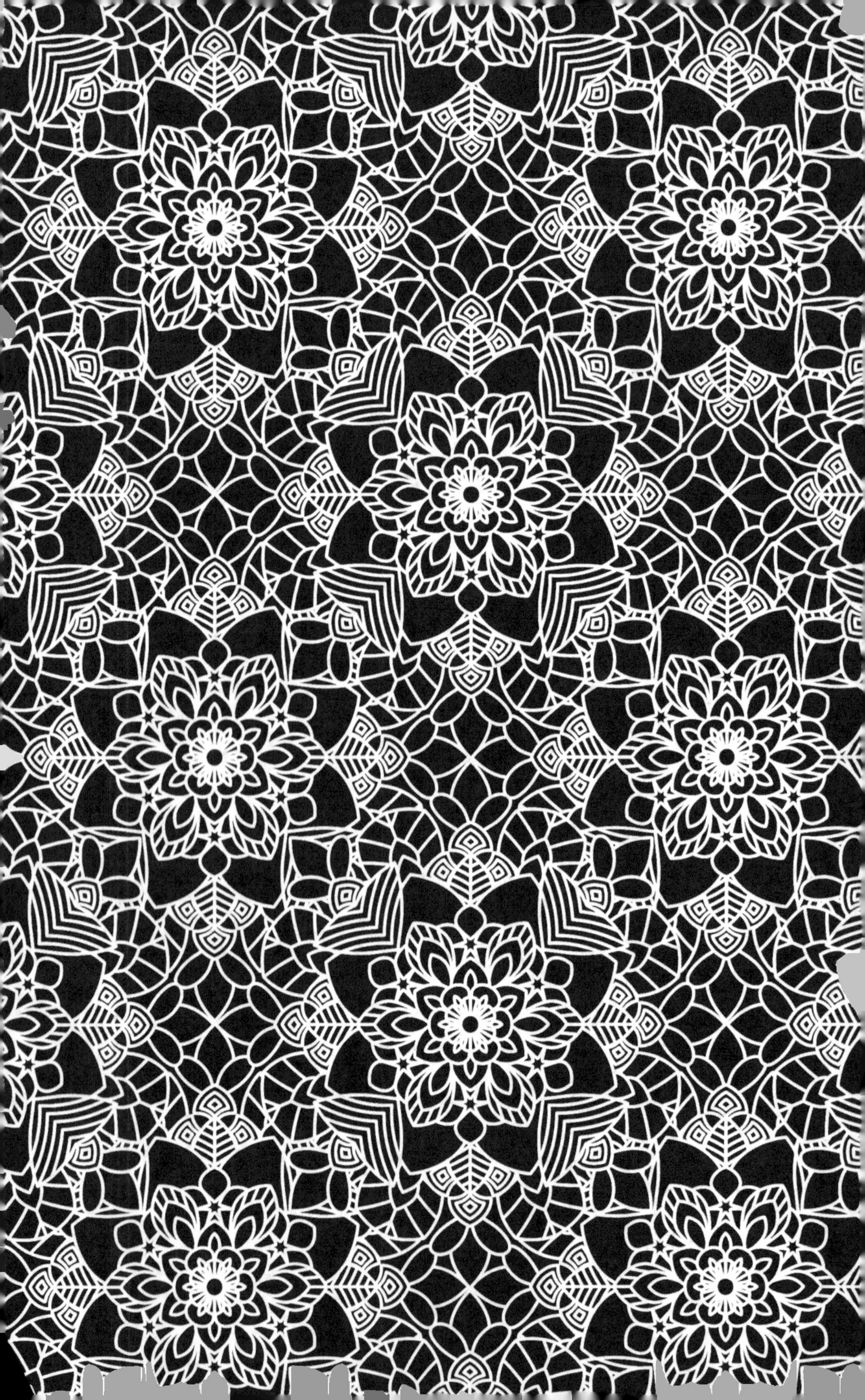

COMPRENDERE LA PROIEZIONE

Ricorda un recente conflitto o disaccordo con qualcuno. Quali emozioni hai provato durante il conflitto?

Descrivi una situazione in cui hai fatto supposizioni sulle intenzioni di qualcuno. Come potresti aver proiettato i tuoi sentimenti su di loro?

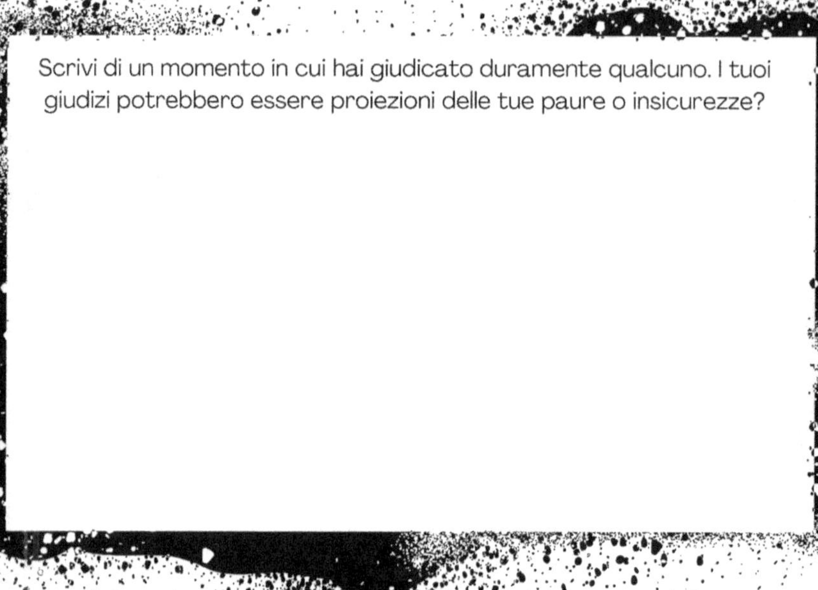

Scrivi di un momento in cui hai giudicato duramente qualcuno. I tuoi giudizi potrebbero essere proiezioni delle tue paure o insicurezze?

Rifletti sulle tue relazioni. Ci sono modelli di proiezione o di interpretazione errata che noti?

Come ti senti nell'esplorare il concetto di proiezione e il suo impatto
sulle relazioni?

Noi non vediamo le cose come sono; li vediamo come siamo.

Anais Nin

Esercitati nell'ascolto attivo nelle conversazioni con gli altri. Presta attenzione alle tue reazioni e alle possibili proiezioni.

Crea un elenco di affermazioni che contrastano le comuni proiezioni o giudizi negativi che hai su te stesso.

Scrivi un diario su una relazione difficile e identifica i momenti di proiezione. Come puoi affrontarli in modo costruttivo?

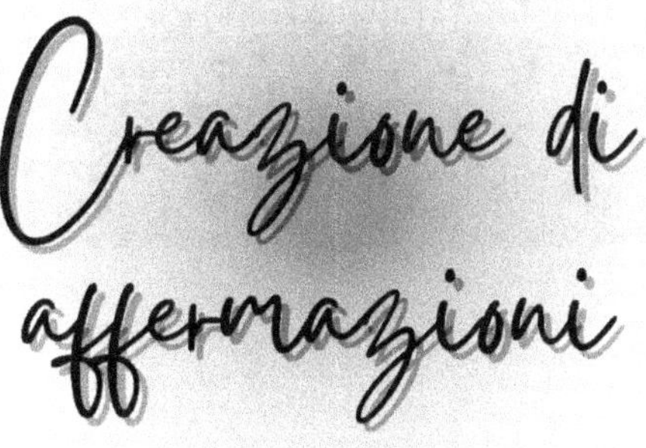

Creazione di affermazioni

Crea un elenco di affermazioni che contrastano le comuni proiezioni o giudizi negativi che hai su te stesso.

Scrivi un diario su una relazione difficile e identifica i momenti di proiezione. Come puoi affrontarli in modo costruttivo?

Integrazione

INTEGRARE LA TUA OMBRA

Identifica un tratto o una qualità in te stesso che hai negato o rifiutato. In che modo abbracciarlo potrebbe portare equilibrio nella tua vita?

Descrivi una situazione in cui hai messo in atto un aspetto nascosto della tua personalità. Cosa hai imparato da quell'esperienza?

Rifletti su un momento in cui hai sentito un forte conflitto interno.
Quali aspetti della tua ombra erano in gioco?

Scrivi di una qualità positiva in qualcuno che ammiri. In che modo
quella qualità potrebbe essere il riflesso di una parte non
riconosciuta di te stesso?

Come ti senti all'idea di integrare la tua ombra per la crescita personale?

La tua visione diventerà chiara solo quando potrai guardare nel tuo cuore. Chi guarda fuori, sogna; chi si guarda dentro, si sveglia.

-Carlo Jung

Crea un collage o un'opera d'arte "Shadow Self" che rappresenti aspetti di te stesso che hai trascurato o rinnegato.

Scrivi una lettera a te stesso dalla prospettiva di un sé integrato, offrendo guida e supporto.

Esplora un nuovo hobby o attività in linea con un aspetto represso della tua personalità

Crea un collage o un'opera d'arte "Shadow Self" che rappresenti
aspetti di te stesso che hai trascurato o rinnegato.

Scrivi una lettera a te stesso dalla prospettiva di un sé integrato, offrendo guida e supporto.

Individuazione

INTRAPRENDI IL TUO VIAGGIO DI INDIVIDUAZIONE

Rifletti sui tuoi punti di forza, talenti e interessi unici. Come puoi usarli per dare forma al tuo futuro?

Descrivi un momento in cui ti sei sentito completamente autentico e fedele a te stesso. Quali erano le circostanze e come ti sei sentito?

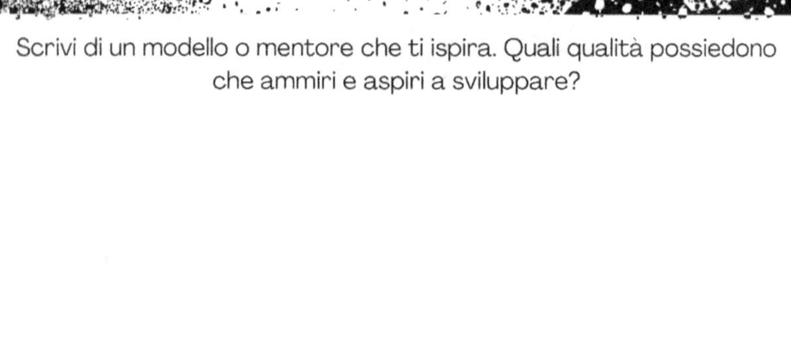

Scrivi di un modello o mentore che ti ispira. Quali qualità possiedono che ammiri e aspiri a sviluppare?

Esplora i tuoi obiettivi e le tue aspirazioni a lungo termine. Come può il tuo percorso di individuazione allinearsi con questi obiettivi?

Come immagini il tuo percorso di individuazione e cosa ti entusiasma?

L'individuazione non esclude dal mondo, ma raccoglie il mondo dentro di sé.

-Carlo Jung

Crea una vision board o una sequenza temporale dei tuoi obiettivi di vita, sia a breve che a lungo termine.

Intervista qualcuno che ammiri e chiedigli del suo viaggio alla scoperta di sé e alla crescita personale.

Inizia un progetto o un hobby che ti permetta di esprimere i tuoi talenti e interessi unici.

Crea una vision board o una sequenza temporale dei tuoi obiettivi di vita, sia a breve che a lungo termine.

Ambiguità morale

NAVIGARE NELL'AMBIGUITÀ MORALE

Ricorda una situazione in cui hai dovuto affrontare un dilemma morale. Come hai preso la tua decisione e quali valori ti hanno guidato?

Descrivi un momento in cui hai messo in dubbio le azioni etiche di qualcuno che conosci. Che impatto ha avuto sul tuo rapporto con loro?

Rifletti sui tuoi valori personali e sulla tua etica. Come si sono evoluti nel tempo e cosa ha influenzato questi cambiamenti?

Scrivi di un problema sociale attuale che solleva domande morali per te. Quali fattori contribuiscono alla tua posizione sulla questione?

Come ti senti nell'esplorare il concetto di ambiguità morale e il suo ruolo nel lavoro ombra?

Il bene non diventa migliore perché viene esagerato, ma peggiora, e un piccolo male diventa grande perché viene trascurato e represso.

-Carlo Jung

Partecipare a dibattiti etici o discussioni con colleghi o mentori, esplorando diversi punti di vista su questioni morali.

Scrivi un codice etico personale che rifletta i tuoi valori e principi. Rivedilo secondo necessità per allinearlo alle tue convinzioni in evoluzione.

Esplora opportunità di volontariato o di servizio alla comunità che mettono alla prova le tue prospettive etiche e offrono opportunità di crescita.

Incontro con il Sé

L'INCONTRO CON IL TUO VERO SÉ

Descrivi un momento in cui hai provato un profondo senso di accettazione di te stesso e di autenticità. Cosa ha portato a questa esperienza?

Rifletti sulle persone e sulle esperienze che hanno plasmato la tua identità personale. Come hanno influenzato la tua percezione del tuo vero sé?

Scrivi dei tuoi sogni e aspirazioni. Come si allineano con il tuo sé autentico e quali passi puoi intraprendere per perseguirli?

Esplora i tuoi valori e principi fondamentali. Come risuonano con il tuo vero sé e come puoi onorarli nella tua vita?

Come ti senti all'idea di incontrare il tuo vero sé attraverso il lavoro sull'ombra?

Il tuo tempo è limitato,

non sprecarlo vivendo la vita

di qualcun altro.

-Steve Jobs

Scrivi una lettera al tuo sé futuro, immaginando la persona che aspiri a diventare e la vita autentica che intendi condurre.

Impegnati in pratiche di consapevolezza o meditazione che ti aiutano a connetterti con il tuo sé più profondo e a ridurre le influenze esterne.

Condividi il tuo sé autentico con un amico fidato o un mentore attraverso una conversazione schietta.

Scrivi una lettera al tuo sé futuro, immaginando la persona che aspiri a diventare e la vita autentica che intendi condurre.

ESERCIZI DI CONSAPEVOLEZZA QUOTIDIANA

"*In ognuno di noi c'è un altro che non conosciamo.*"

-Carlo Jung

Posizione

Siediti comodamente in uno spazio tranquillo, con la colonna vertebrale dritta e le mani appoggiate sulle ginocchia.

Respirare

Inspira profondamente attraverso il naso contando fino a quattro.

Presa

Metti in pausa e trattieni il respiro contando fino a quattro.

Espira

Rilascia lentamente il respiro attraverso la bocca contando fino a sei.

Riflettere

Fai questo ciclo cinque volte. Ad ogni respiro, visualizza te stesso mentre lasci andare ogni ansia e attiri energia positiva.

Pausa

Trova un momento tranquillo durante la giornata.

Elenco

Pensa a tre cose per cui sei grato in relazione al tuo viaggio.

Riconoscere

Riconoscere la crescita e la comprensione che derivano da queste esperienze.

"Goditi le piccole cose, perché un giorno potresti guardare indietro e realizzare che erano grandi cose."

-Robert Brault

Quando ti senti sopraffatto:

Vedere

Guardati intorno e nomina cinque cose che puoi vedere.

Tocco

Riconosci quattro elementi che puoi toccare o sentire.

Ascoltare

Ascolta attentamente e identifica tre suoni.

Odore

Riconosci due odori intorno a te.

Gusto

Riconosci un gusto, magari bevendo un sorso d'acqua o facendo uno spuntino.

Trasformazione

ABBRACCIARE LA TRASFORMAZIONE

Rifletti su una trasformazione personale significativa che hai vissuto. Che impatto ha avuto sulla tua vita e sulle tue relazioni?

Descrivi una sfida o un'avversità che hai affrontato che alla fine ha portato alla crescita personale. Cosa hai imparato dal superarlo?

Scrivi dei cambiamenti che speri di vedere in te stesso come risultato del tuo percorso di lavoro ombra. Quali sono i tuoi obiettivi di trasformazione?

Esplora l'idea di abbracciare il cambiamento come una costante nella vita. Come puoi adattarti e crescere attraverso le varie transizioni della vita?

Come ti senti riguardo all'idea di abbracciare la trasformazione come risultato del tuo lavoro sull'ombra?

Devo essere disposto a rinunciare a ciò che sono per diventare ciò che sarò.

-Albert Einstein

Stabilisci obiettivi specifici e raggiungibili per la tua crescita personale e delinea i passaggi per raggiungerli.

Crea un diario della trasformazione per documentare i tuoi progressi, intuizioni e momenti di crescita personale durante il tuo viaggio.

Cerca mentori o modelli di ruolo che hanno subito trasformazioni significative e impara dalle loro esperienze.

RUOTA DI VITA

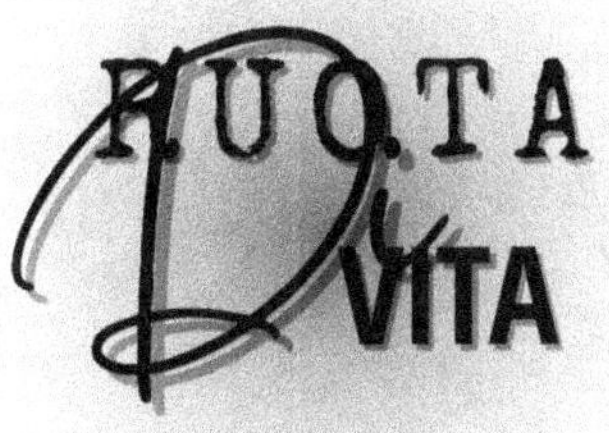

La ruota della vita è un ottimo strumento che ti aiuta a capire meglio cosa puoi fare per rendere la tua vita più equilibrata. Pensa alle 8 categorie di vita riportate di seguito e valutale da 1 a 10.

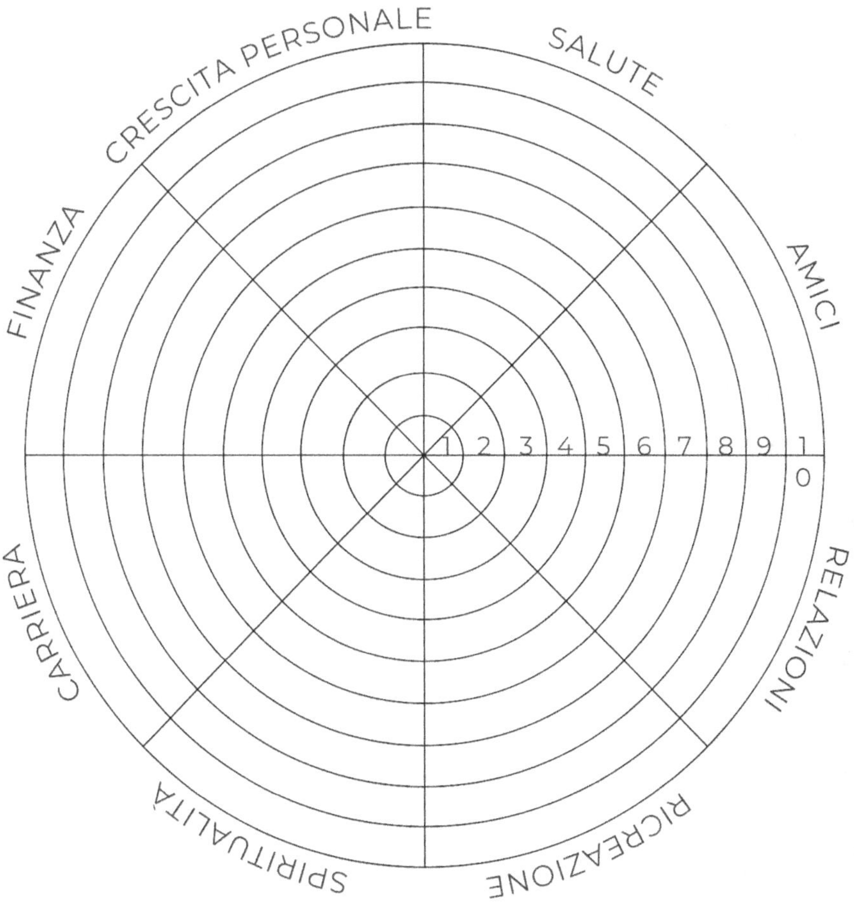

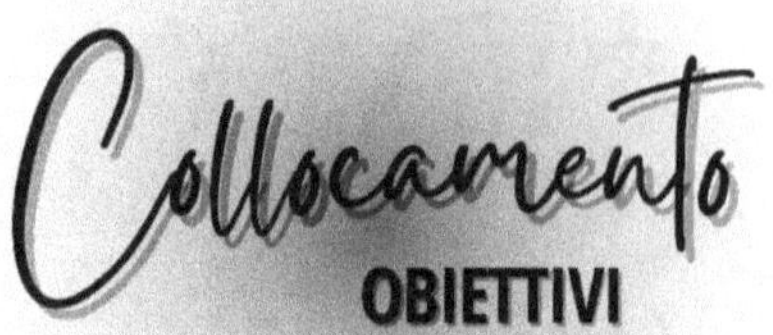

Quando stabilisci gli obiettivi, assicurati che segua la struttura SMART. Utilizza le domande seguenti per creare i tuoi obiettivi.

S	SPECIFICA COSA VOGLIO REALIZZARE?	
M	MISURABILE COME FARÒ A SAPERE QUANDO SARÀ COMPLETATO?	
UN	REALIZZABILE COME È POSSIBILE RAGGIUNGERE L'OBIETTIVO?	
R	PERTINENTE SEMBRA CHE NE VALGA LA PENA?	
T	LIMITATO AL TEMPO QUANDO POSSO RAGGIUNGERE QUESTO OBIETTIVO?	

Per ciascuna delle categorie seguenti, scrivi le cose che stai facendo bene e dove hai bisogno di miglioramenti. Prenditi il tempo per riflettere su questi e scrivi un obiettivo per ciascuna categoria.

CATEGORIA	QUELLO CHE STO FACENDO BENE	DOVE HO BISOGNO DI MIGLIORAMENTI	I MIEI OBIETTIVI
FAMIGLIA			
AMICI			
LAVORO/SCUOLA			
CORPO			
SALUTE MENTALE			
SPIRITUALITÀ			

Delinea i tuoi obiettivi SMART

OBIETTIVO	DATA D'INIZIO:	SCADENZA:

PROGRESSO DELL'OBIETTIVO: 0%   100%

PASSAGGI DI AZIONE

POSSIBILI OSTACOLI

COME SUPERARE GLI OSTACOLI

REGISTRI DELLE TAPPE FONDAMENTALI

- **Data:** quando si è verificata questa pietra miliare?

- **Descrizione:** Descrivi l'evento o la realizzazione.

- **Sentimenti:** quali emozioni hai provato?

- **Impatto:** in che modo questa pietra miliare ha modellato o influenzato il tuo viaggio?

Data:

Descrizione:

Sentimenti:

Impatto:

Crea un diario della trasformazione per documentare i tuoi progressi, intuizioni e momenti di crescita personale durante il tuo viaggio.

Data:

Descrizione:

Sentimenti:

Impatto:

Data:

Descrizione:

Sentimenti:

Impatto:

Data:

Descrizione:

Sentimenti:

Impatto:

Data:

Descrizione:

Sentimenti:

Impatto:

Data:

Descrizione:

Sentimenti:

Impatto:

Data:

Descrizione:

Sentimenti:

Impatto:

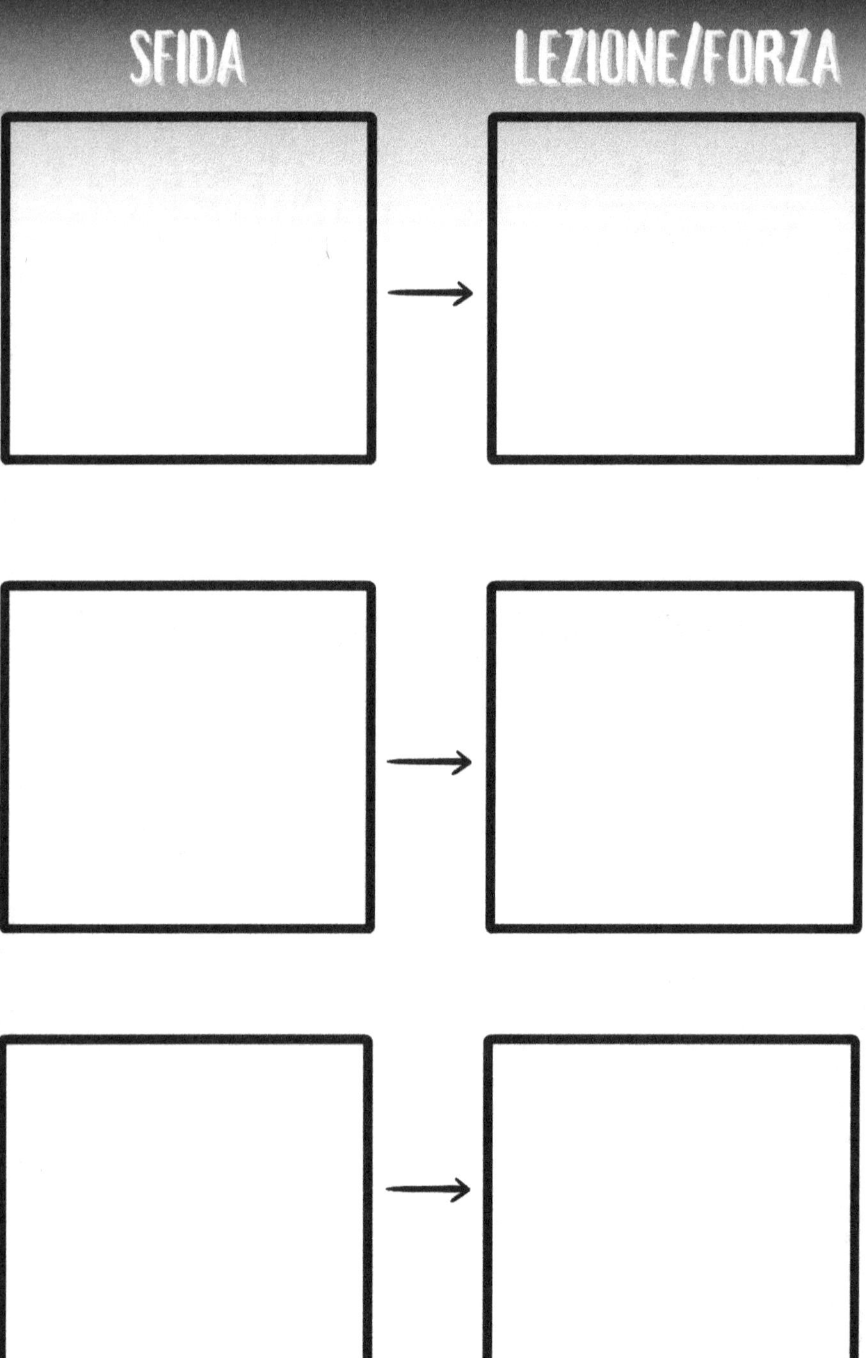

È essenziale fare una pausa ed esprimere gratitudine per il viaggio, anche per i momenti difficili, poiché hanno plasmato chi sei oggi. Elenca 5 sfide che hai affrontato. Accanto a ciascuno, annota una lezione o un punto di forza emerso da quella sfida.

Vaso della gratitudine

Discorso allo specchio

Check-in emotivi

Riflessione in cinque parole

B
O
N
U
S

Individuazione degli archetipi

Forze e ombre

Credenze negative e affermazioni positive

Simboli e loro significati

IL *Gratitudine* VASO

Ogni giorno o settimana, annota le cose per cui sei grato che riguardano il tuo viaggio.

Specchio
PARLARE

Trascorri qualche minuto ogni giorno parlando positivamente con te stesso davanti a uno specchio, riaffermando il tuo valore e la tua identità.

CHECK-IN EMOTIVI

I check-in emotivi fungono da punti di contatto, consentendoti di valutare e comprendere il tuo stato emotivo in momenti diversi. Questa pratica incoraggia l'autoconsapevolezza, la convalida dei sentimenti e il riconoscimento dei modelli.

Sintonizzarsi regolarmente sulle proprie emozioni aiuta a comprendere meglio se stessi, a prendere decisioni informate e a favorire una connessione profonda con il proprio sé interiore. Nel corso del tempo, questi check-in emotivi possono fungere da guida, aiutandoti a superare le sfide e le gioie della vita con resilienza e autenticità.

REGISTRO EMOTIVO QUOTIDIANO

Stato emotivo attuale
Descrivi in una parola.

Sensazioni fisiche
Qualche tensione, rilassamento o sensazione particolare nel corpo?

Pensieri di accompagnamento
Cosa hai in mente che potrebbe influenzare questa emozione?

Possibile innesco
C'è stato un evento, un commento, un'interazione o un ricordo che ha scatenato questa emozione?

Bisogni e desideri
Di cosa hai bisogno o vuoi in questo momento per supportare questa emozione o spostarla?

Affermazione
Scrivi un'affermazione positiva relativa all'insegnamento.

RIFLESSIONE EMOTIVA SETTIMANALE

Emozione più ricorrente

Quale emozione è apparsa di più questa settimana?

Momento più orgoglioso

Un momento saliente della tua settimana.

Momento emotivo impegnativo

Quale situazione è stata emotivamente impegnativa?

Azioni di cura di sé

Elenca 3 cose che hai fatto questa settimana per prenderti cura del tuo benessere emotivo.

Intenzioni per la prossima settimana

Stabilisci 1-2 intenzioni di salute emotiva o mentale per la prossima settimana.

> "Finché non renderai cosciente l'inconscio, esso dirigerà la tua vita e lo chiamerai destino." Carlo Jung

PANORAMICA EMOTIVA MENSILE

Alto emotivo

Quale giorno o evento è stato un momento culminante, emotivamente parlando, e perché?

Basso emotivo

Quale giorno o evento è stato impegnativo e cosa hai imparato da esso?

Sistema di supporto

Chi ti ha supportato emotivamente questo mese, e come?

Gratitudine

Elenca 3 momenti di crescita emotiva o personale per cui sei grato questo mese.

Guardando avanti

Un obiettivo o intenzione per il tuo benessere emotivo per il prossimo mese.

"L'emozione è la fonte principale di ogni presa di coscienza. Senza emozione non può esserci trasformazione dell'oscurità in luce e dell'apatia in movimento." Carlo Jung

Con cautela, chiedi ad amici intimi o familiari di descriverti in cinque parole. Rifletti su queste parole e su come ti fanno sentire riguardo a te stesso. Ricorda, questo è solo un punto di vista esterno e non definisce la tua totalità.

INDIVIDUAZIONE DEGLI ARCHETIPI

Carl Jung ha identificato diversi archetipi nella sua teoria dell'inconscio collettivo. Alcuni degli archetipi chiave da lui descritti includono:

- La Persona: questa è la maschera sociale o facciata che gli individui presentano al mondo esterno. Rappresenta il modo in cui vogliamo essere visti dagli altri.
- L'Ombra: L'ombra rappresenta gli aspetti inconsci e più oscuri di noi stessi di cui potremmo non essere consapevoli o che potremmo cercare di reprimere. Include le nostre paure, insicurezze e desideri nascosti.
- L'Anima e l'Animus: questi sono gli aspetti interiori del genere opposto in ogni persona. L'anima rappresenta le qualità femminili nei maschi, mentre l'animus rappresenta le qualità maschili nelle femmine.
- Il Sé: Il Sé è l'archetipo centrale e più importante, che rappresenta l'unità e l'integrazione della personalità dell'individuo. Rappresenta la ricerca della completezza e dell'autorealizzazione.
- L'Eroe: l'archetipo dell'eroe incarna le qualità del coraggio, della forza e della volontà di affrontare le sfide e superare gli ostacoli. Rappresenta la ricerca della crescita e della trasformazione personale.
- La Madre: l'archetipo della madre rappresenta il nutrimento, la cura e le qualità materne di amore, protezione e sostentamento.
- Il Padre: L'archetipo del padre incarna l'autorità, la guida e le qualità paterne di protezione, disciplina e saggezza.
- Il bambino: l'archetipo del bambino simboleggia l'innocenza, il potenziale e il desiderio di nuovi inizi. Rappresenta gli aspetti creativi e giocosi del sé

- Il Vecchio Saggio: questo archetipo incarna saggezza, conoscenza e guida. Rappresenta la ricerca della comprensione e la ricerca del significato della vita.
- L'Imbroglione: L'archetipo dell'imbroglione è caratterizzato da malizia, umorismo e una tendenza a sfidare lo status quo. Spesso rappresenta la necessità di cambiamento e trasformazione.

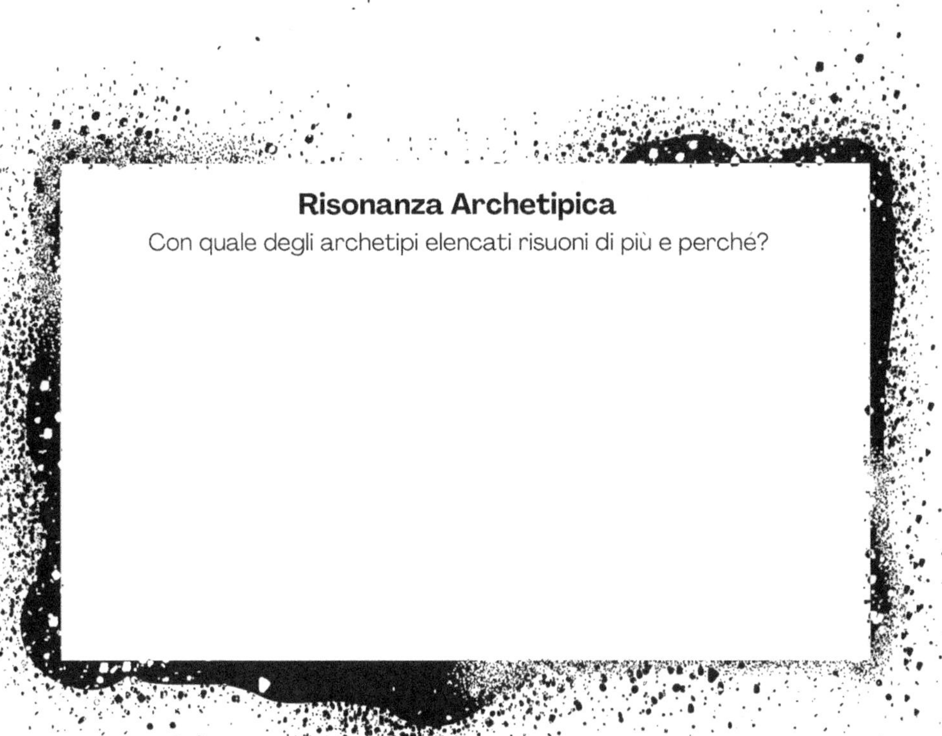

Storie personali

Condividi una storia o un ricordo in cui hai sentito di incarnare uno di questi archetipi.

Aspirazioni future

Quale archetipo aspiri a diventare e quali passi puoi compiere per abbracciarne le qualità?

"Ci vuole coraggio per crescere e diventare chi sei veramente."

-E.E. Cummings

Gioco di ruolo archetipo

Scegli un archetipo che ti incuriosisce. Trascorri una giornata incarnando le qualità di questo archetipo. Diario dell'esperienza.

Per ogni archetipo, crea una moodboard (utilizzando immagini, citazioni, colori, ecc.) che ritieni rappresenti al meglio la sua essenza.

Per ogni archetipo, crea una moodboard (utilizzando immagini, citazioni, colori, ecc.) che ritieni rappresenti al meglio la sua essenza.

Per ogni archetipo, crea una moodboard (utilizzando immagini, citazioni, colori, ecc.) che ritieni rappresenti al meglio la sua essenza.

Per ogni archetipo, crea una moodboard (utilizzando immagini, citazioni, colori, ecc.) che ritieni rappresenti al meglio la sua essenza.

Per ogni archetipo, crea una moodboard (utilizzando immagini, citazioni, colori, ecc.) che ritieni rappresenti al meglio la sua essenza.

FORZE E OMBRE

La dualità della nostra esperienza umana significa che insieme ai punti di forza spesso arrivano anche le ombre, aree di potenziali insidie o sfide che possono derivare dalle stesse qualità che ci danno potere. Abbracciare un archetipo non significa solo sfruttare i suoi punti di forza, ma anche comprendere e superare le sue ombre. Questa sezione è dedicata all'introspezione su entrambi questi aspetti, con l'obiettivo di raggiungere una più profonda consapevolezza ed equilibrio di sé.

Punti di forza in evidenza

Per ogni archetipo con cui sei in risonanza, elenca i punti di forza che ritieni possieda. Come si manifestano questi punti di forza nella tua vita?

Ombre svelate

Approfondisci le potenziali sfide o insidie associate a ciascun archetipo. Hai sperimentato queste ombre? Come li hai gestiti?

Legge di bilanciamento

Rifletti sui momenti in cui hai sentito un conflitto tra i punti di forza e le ombre di un archetipo. Come hai gestito questo equilibrio?

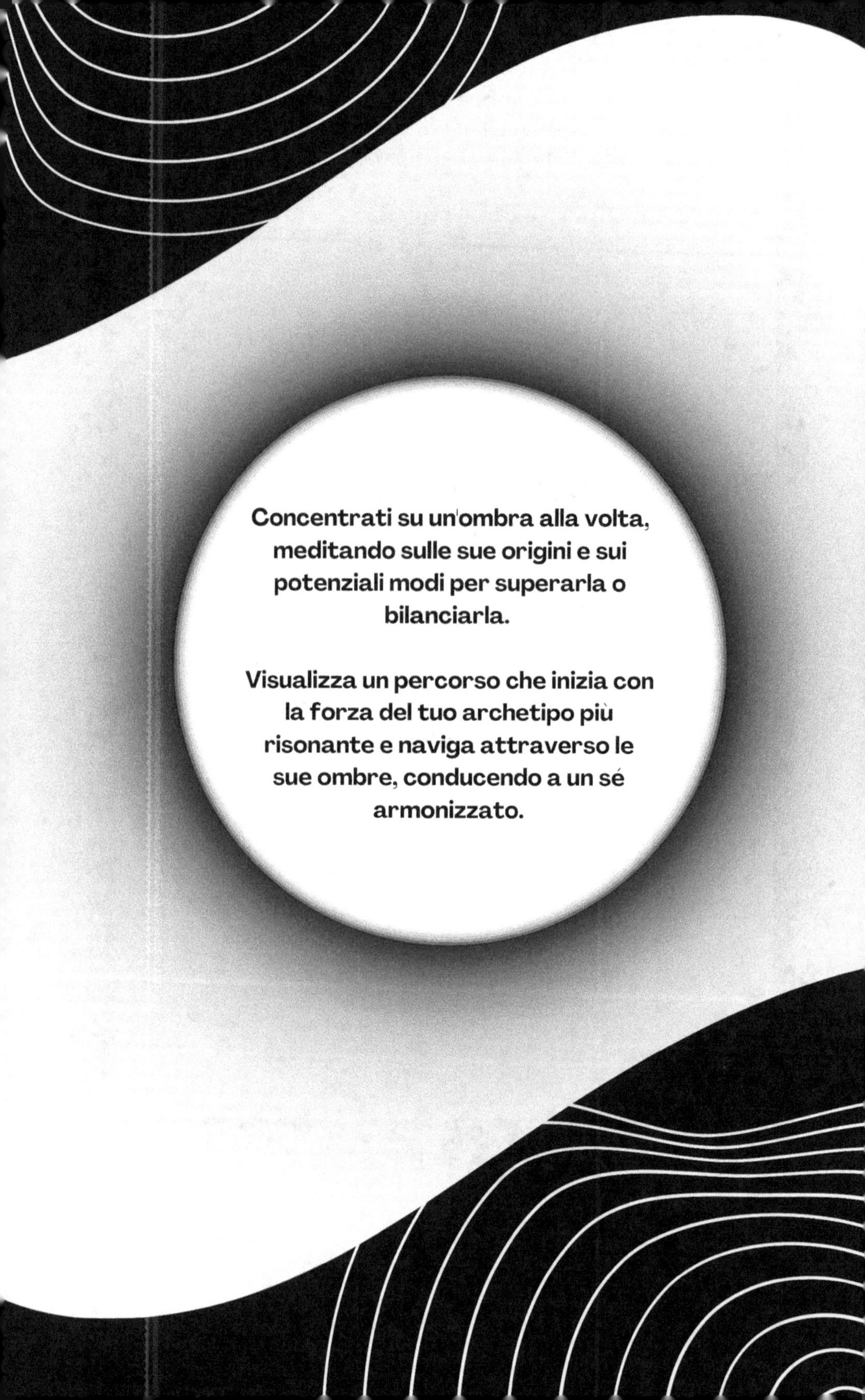
Concentrati su un'ombra alla volta, meditando sulle sue origini e sui potenziali modi per superarla o bilanciarla.

Visualizza un percorso che inizia con la forza del tuo archetipo più risonante e naviga attraverso le sue ombre, conducendo a un sé armonizzato.

Scrivi affermazioni basate sui punti di forza degli archetipi scelti. Scegline uno ogni giorno e rifletti su di esso.

DIARIO DELLE FORZE E DELLE OMBRE

Dedica alcune pagine a ciascun archetipo, annotando i casi quotidiani in cui hai mostrato i suoi punti di forza o incontrato le sue ombre.

Immergersi nelle profondità delle forze e delle ombre offre una comprensione olistica di ogni archetipo e, per estensione, di noi stessi. Questa riflessione aiuta a sfruttare tutto il potenziale di ciascun archetipo, permettendoci di crescere ed evolverci nei nostri viaggi unici. Ricorda, le ombre non devono essere temute ma comprese e integrate.

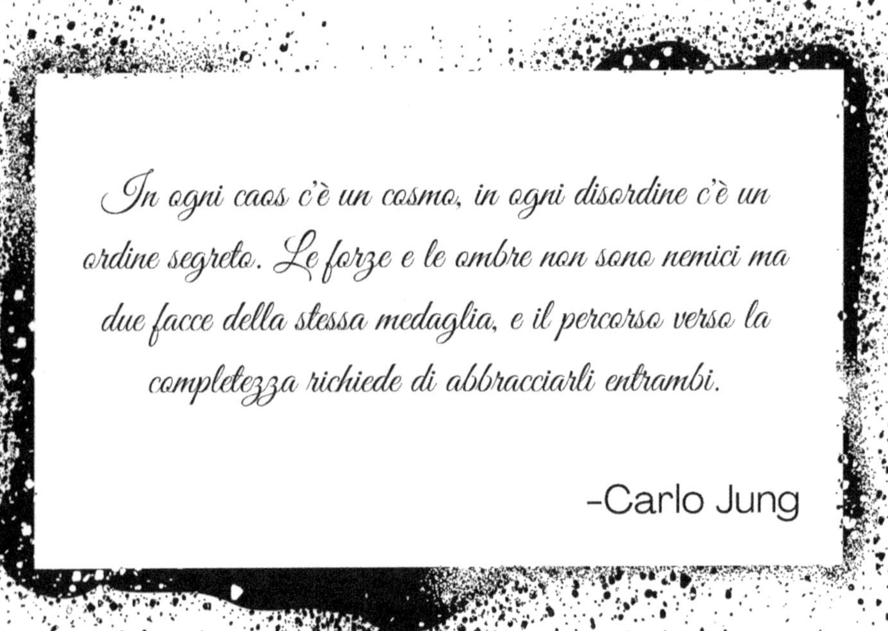

CREDENZA NEGATIVA

AFFERMAZIONE POSITIVA

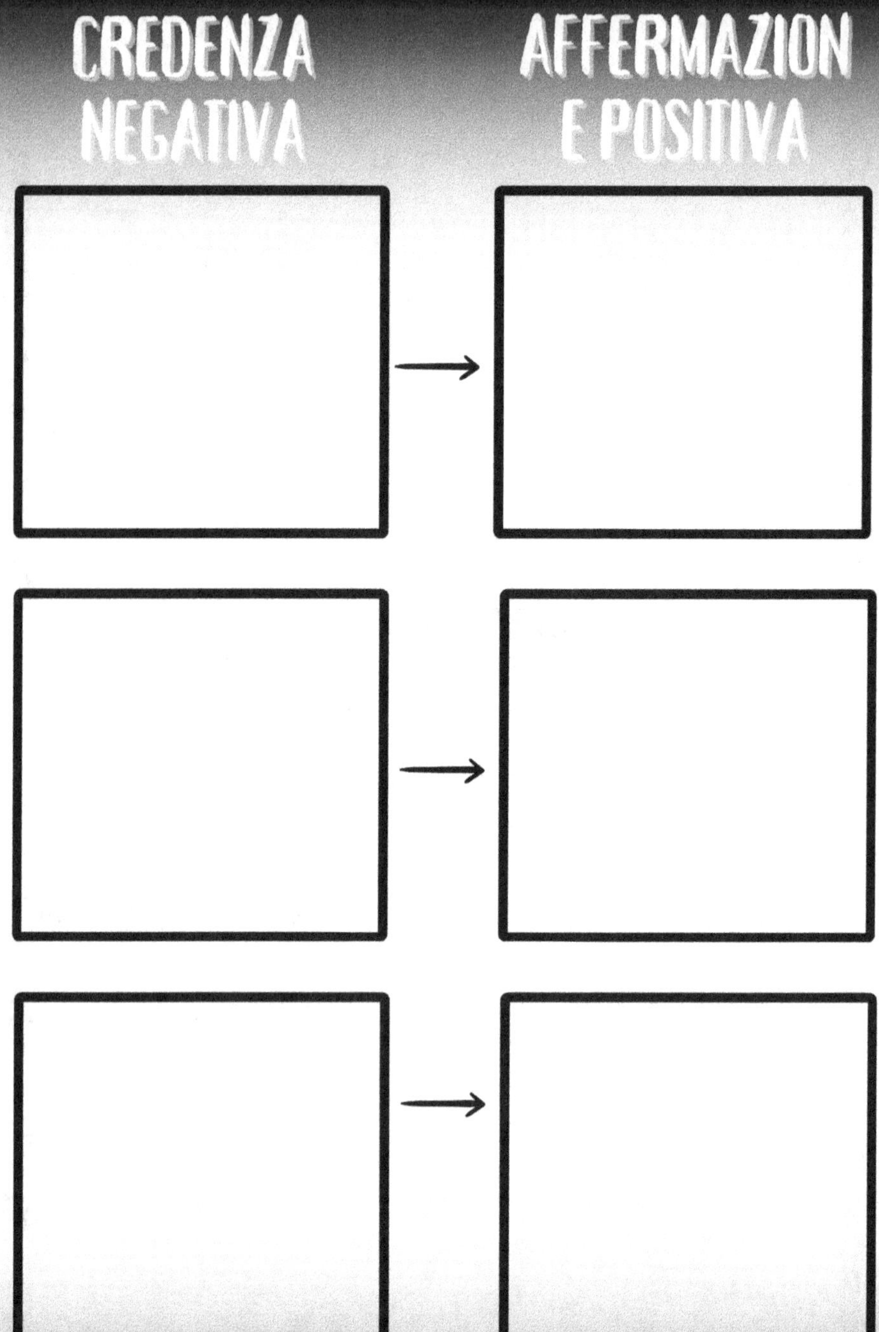

Elenca le convinzioni o i sentimenti negativi che hai interiorizzato. Per ciascuno, prova a contrastarlo con un'affermazione positiva o una verità su te stesso.

SIMBOLI E LORO SIGNIFICATI

Nel contesto della psicologia junghiana e del lavoro sull'ombra, i simboli compaiono spesso nei sogni, nelle fantasie o anche nella vita di tutti i giorni. Questi simboli possono contenere un significato personale profondo e possono offrire intuizioni sul proprio inconscio e sul processo di scoperta di sé. Ecco alcuni simboli comuni che gli adolescenti potrebbero incontrare e i loro potenziali significati nel contesto del lavoro ombra:

- Figure oscure o oscure: vedere figure oscure o oscure nei sogni o nelle fantasie può rappresentare la presenza del sé ombra, gli aspetti nascosti e repressi della propria personalità. Potrebbe essere un invito a esplorare questi tratti nascosti e a integrarli.
- Maschere: le maschere possono simboleggiare la persona, la facciata sociale che gli individui presentano al mondo. Trovare o indossare una maschera in un sogno potrebbe indicare il desiderio di esplorare la propria vera identità sotto la maschera.
- Animali: animali diversi possono avere vari significati simbolici. Ad esempio, un serpente potrebbe rappresentare desideri o paure nascoste, mentre un uccello potrebbe simboleggiare la libertà o la spiritualità. L'animale specifico e le sue azioni nel sogno possono fornire ulteriori spunti.
- Acqua: l'acqua rappresenta spesso le emozioni e la mente inconscia. Lo stato dell'acqua (calmo, turbolento, torbido) può offrire indizi sul proprio stato emotivo e sulla necessità di esplorare e navigare in questi sentimenti.
- Labirinti o labirinti: questi simboli possono rappresentare la complessità della psiche e il viaggio alla scoperta di sé. Navigare in un labirinto potrebbe simboleggiare il processo di esplorazione del proprio mondo interiore.
- Chiavi: trovare o utilizzare le chiavi nei sogni può rappresentare lo sblocco di aspetti nascosti del sé o l'accesso a nuove intuizioni e consapevolezza di sé.
- Specchi: gli specchi possono simboleggiare l'autoriflessione e la consapevolezza di sé. Vedere un riflesso distorto potrebbe indicare la necessità di confrontarsi con percezioni di sé distorte.
- Mostri o creature: creature o mostri immaginari possono rappresentare paure interiori, ansie o conflitti irrisolti. Affrontare o domare queste creature può simboleggiare il processo di affrontare e integrare le proprie paure.
- Viaggio o Viaggio: Intraprendere un viaggio, sia in sogno che in una rappresentazione simbolica, spesso significa

crescita e trasformazione personale. Può rappresentare il ricerca della scoperta di sé e dell'individuazione.

- Morte e rinascita: le morti e le rinascite simboliche possono rappresentare il processo di abbandono di vecchie credenze, abitudini o identità per far posto alla crescita e alla trasformazione personale.

"I simboli, per la loro stessa natura, possono unire gli opposti in modo tale che questi non divergono più o non entrano in conflitto, ma si integrano a vicenda e danno forma significativa alla vita."

Carlo Jung

Disegna, stampa o incolla immagini di simboli. Accanto a ciascuno, annota il suo significato storico o culturale noto e qualsiasi connessione o sentimento personale che associ ad esso.

Risonanza personale

C'è un simbolo in particolare che ti risuona profondamente? Perché senti un legame con questo simbolo?

Evoluzione del simbolo

Come hai osservato l'evoluzione o il cambiamento nel significato e nell'uso di uno qualsiasi di questi simboli nel tempo?

Creare il tuo simbolo

Se dovessi disegnare un simbolo che catturi il tuo viaggio personale, come sarebbe? Disegnalo o descrivilo.

Simboli nella vita quotidiana

Per una settimana, presta attenzione all'uso dei simboli intorno a te, che sia nella pubblicità, durante una parata, sui social media, ecc.

Annotare:

- **Il simbolo che hai osservato.**
- **Il contesto in cui è stato visualizzato.**
- **La tua reazione iniziale e i tuoi sentimenti verso il suo utilizzo in quel particolare contesto.**

I simboli spesso servono come ancore o promemoria. Possono elevarci, motivarci e connetterci a una comunità più ampia. In questa sezione, considera come questi simboli possono essere integrati nella tua vita quotidiana come fonti di forza, orgoglio e unità.

Contesto e sentimenti

Dove eravate? Cosa stavi facendo? Cosa ti ha spinto a utilizzare questo simbolo? Come ti ha fatto sentire? Potenziato? Supportato? Coraggioso?

Reazioni

Come hanno reagito gli altri alla tua visualizzazione di questo simbolo?

È essenziale ricordare che il significato dei simboli nel lavoro sull'ombra è altamente personale e può variare da un individuo all'altro. Avvicinati a questi simboli con curiosità ed esplora le tue interpretazioni e associazioni uniche.

COINCIDENZE CON SIGNIFICATO

Sincronicità, termine coniato da Carl Jung, si riferisce a coincidenze significative che sembrano avere un significato più profondo, spesso personale. Queste coincidenze possono spesso servire come affermazioni, indicazioni o segnali dall'universo, specialmente durante i periodi di scoperta di sé, accettazione o difesa.

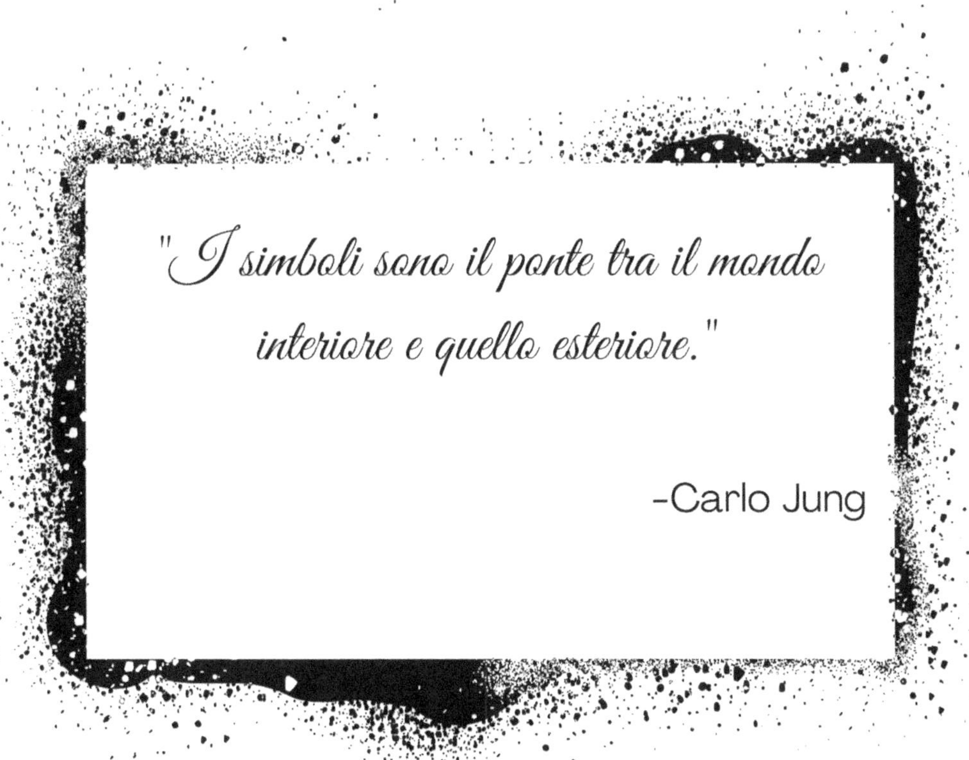

REGISTRO DELLE COINCIDENZE

Appuntamento
Quando è successo questo evento?

Descrizione
Dettaglia l'evento sincronistico.

Sentimenti
Come ti sei sentito quando è successo?

Significato personale
Perché ritieni che questo evento sia stato qualcosa di più di un semplice evento casuale? Quale significato o connessione più profonda potrebbe avere per te?

Appuntamento:

Descrizione:

Sentimenti:

Significato personale:

REGISTRO DELLE COINCIDENZE

Appuntamento

Descrizione

Sentimenti

Significato personale

Appuntamento:

Descrizione:

Sentimenti:

Significato personale:

Modelli

Hai notato temi o schemi ricorrenti nelle sincronicità che hai sperimentato?

Stato emozionale

Ci sono stati stati emotivi specifici (ad esempio, sentirsi persi, pieni di speranza o bisognosi di guida) che hanno preceduto questi eventi sincronici?

Messaggi
Se l'universo stesse cercando di inviarti un messaggio attraverso
questi eventi, cosa pensi che potrebbe essere?

"Il simbolo è un corpo vivo, animato
dall'energia che lo attraversa."

-Carlo Jung

RIFLESSIONE SULLE SINCRONICITÀ PASSATE

Pensa a una coincidenza significativa del tuo passato che ha avuto un impatto significativo sul tuo viaggio, come incontrare una persona che è diventata un mentore o imbatterti in un evento della comunità che ti fa sentire "a casa".

L'evento

Descrivi questo evento sincronistico passato.

L'impatto

Come ha modellato o influenzato il tuo viaggio?

Guardando indietro

Con il senno di poi, percepisci l'evento in modo diverso ora rispetto a quando è accaduto?

ALLA RICERCA DELLA SINCRONICITÀ

La crescita personale è un viaggio unico e spesso intenso. Ogni passo, sia esso pieno di chiarezza o di confusione, contribuisce allo spettro vibrante della propria identità. Questa sezione è dedicata al riconoscimento, alla celebrazione e alla comprensione di questi traguardi.

Per una settimana, diventa più in sintonia con i sussurri dell'universo. Ogni sera, rifletti sulla giornata e annota:

- **Qualsiasi coincidenza, non importa quanto piccola.**
- **Il tuo stato emotivo prima che si verificassero.**
- **Possibili significati o messaggi che questi eventi potrebbero trasmettere.**

Rifletti su come queste coincidenze significative possano essere viste come forme di supporto o guida, specialmente durante i momenti difficili o i bivi del tuo viaggio. In che modo riconoscere e valorizzare queste sincronicità può rafforzare il tuo senso di connessione, direzione e speranza?

CONCLUSIONE
Il tuo viaggio nell'ombra in corso

Congratulazioni per aver completato questo viaggio trasformativo alla scoperta di sé e alla crescita personale attraverso lo Shadow Work Journal for Teens. Ti sei avventurato nelle profondità della tua psiche, hai affrontato aspetti nascosti di te stesso e hai abbracciato il potere della tua ombra. Questo viaggio segna solo l'inizio di un percorso permanente verso l'autenticità e l'autorealizzazione.

Mentre rifletti sulle pagine che hai riempito e sulle intuizioni che hai acquisito, ricorda che il lavoro sull'ombra non è un'impresa una tantum ma un'esplorazione continua. Le ombre dentro di te non devono essere temute ma comprese, accettate e integrate. Continuando a far luce sui tuoi aspetti nascosti, scoprirai ancora più tesori di autoconsapevolezza e crescita personale.

Il tuo viaggio nell'ombra ti ha dotato di strumenti preziosi – auto-riflessione, auto-compassione e auto-potenziamento – che ti saranno utili mentre navighi nelle complessità dell'adolescenza e oltre. Le sfide che affronti e le vittorie che festeggi fanno tutte parte del ricco arazzo della tua crescita personale.

Abbraccia la tua unicità, perché sono i tuoi punti di forza e le tue ombre che ti rendono quello che sei. Ricorda che non esiste un percorso unico per la scoperta di sé. Abbi fiducia nella tua saggezza interiore, resta curioso e continua a esplorare le profondità della tua psiche.

Il tuo sé autentico è una luce radiosa che aspetta di brillare nel mondo. Mentre continui il tuo viaggio nell'ombra, possa tu crescere nell'accettazione di te stesso, coltivare relazioni più sane e diventare l'eroe della tua storia. L'avventura di una vita ti aspetta: abbracciala con il cuore aperto e un'inestinguibile sete di scoperta di sé.

Grazie per aver consentito allo Shadow Work Journal for Teens di far parte del tuo viaggio di trasformazione. Continua a scrivere nel diario, continua a esplorare e continua a far brillare la tua luce. Il tuo sé autentico è un bellissimo lavoro in corso e il mondo è un posto migliore con te dentro.